My FRENCH Sticker Dictionary

Catherine Bruzzone and Louise Millar

Illustrations by Louise Comfort

French adviser: Marie-Thérèse Bougard

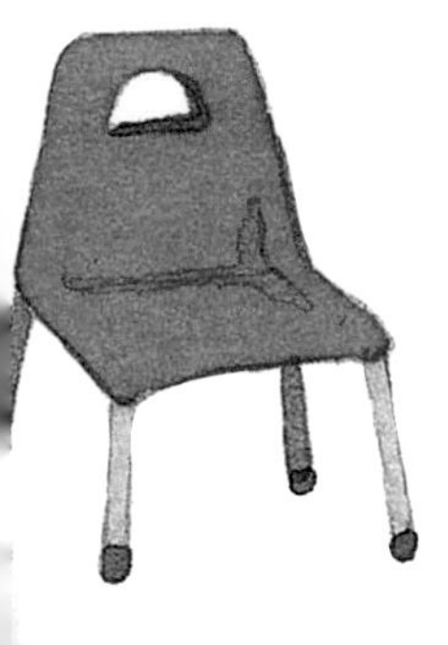

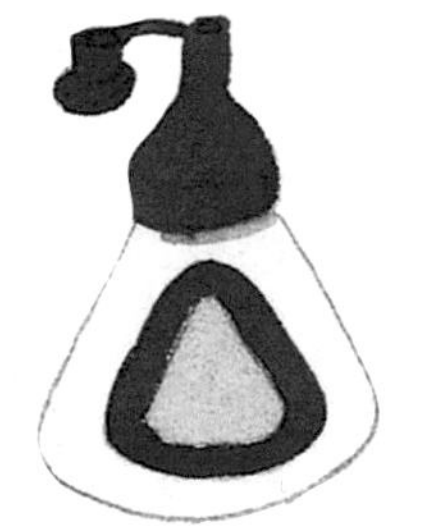

b small publishing

www.bsmall.co.uk

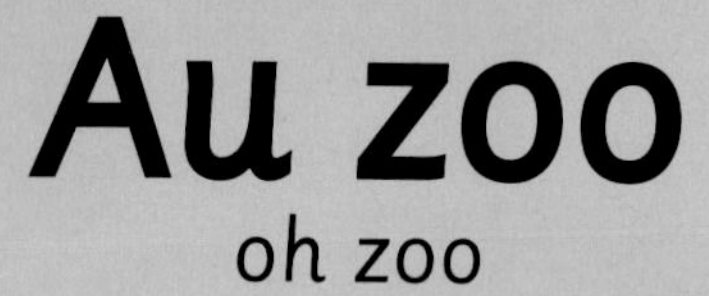

Au zoo

oh zoo

l'éléphant

lelay<u>foh</u>

At the zoo

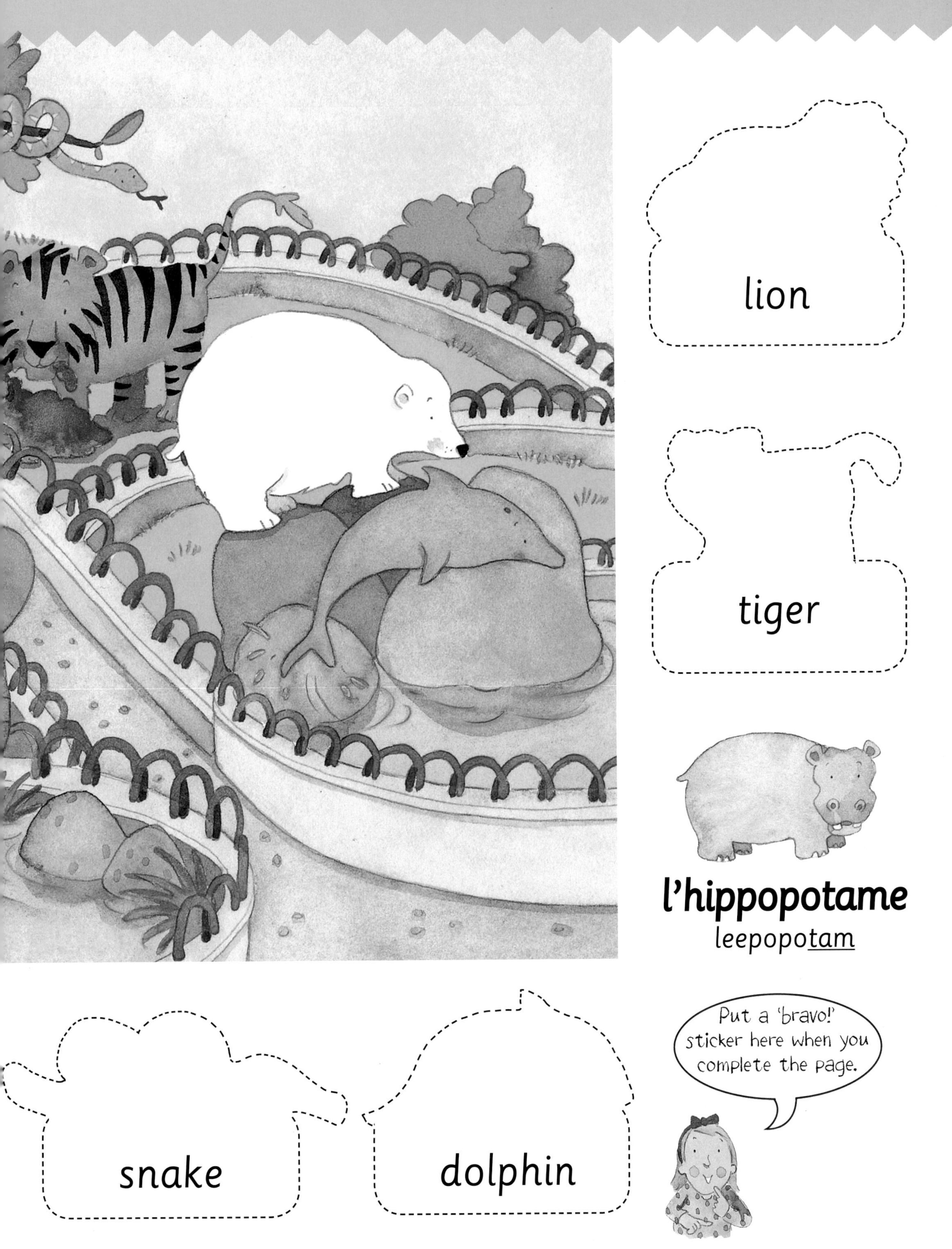

lion
tiger
l'hippopotame
leepopotam
snake
dolphin
Put a 'bravo!' sticker here when you complete the page.

Dans la rue

doh la roo

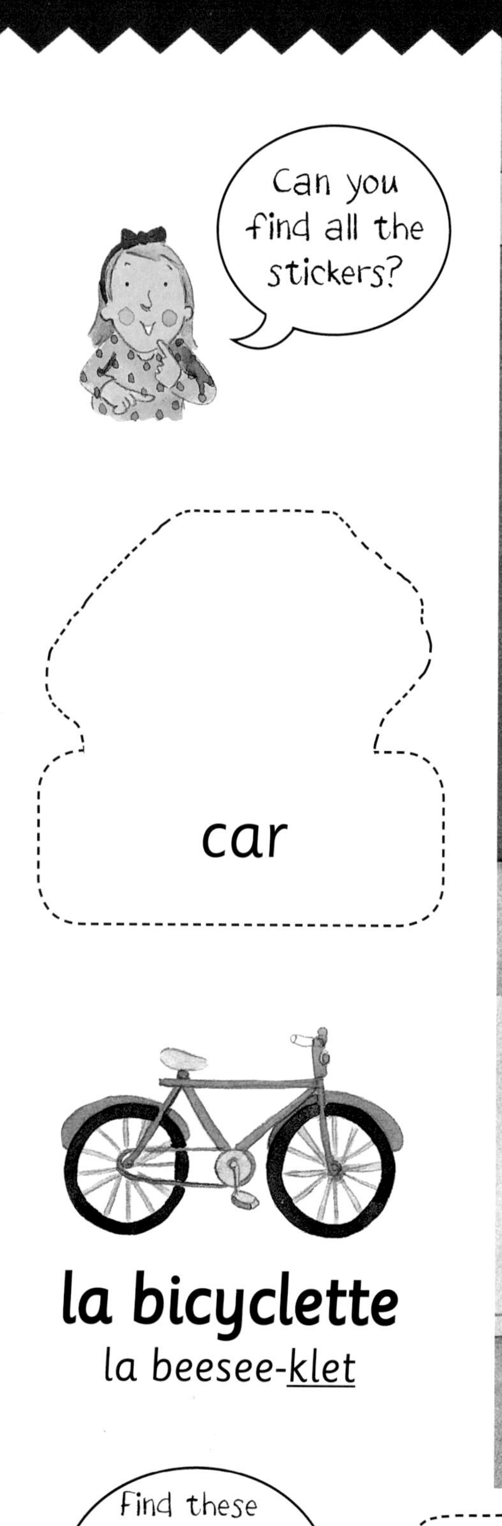

Find these vehicles in the big picture. Join them up with a line.

lorry

street

In the street

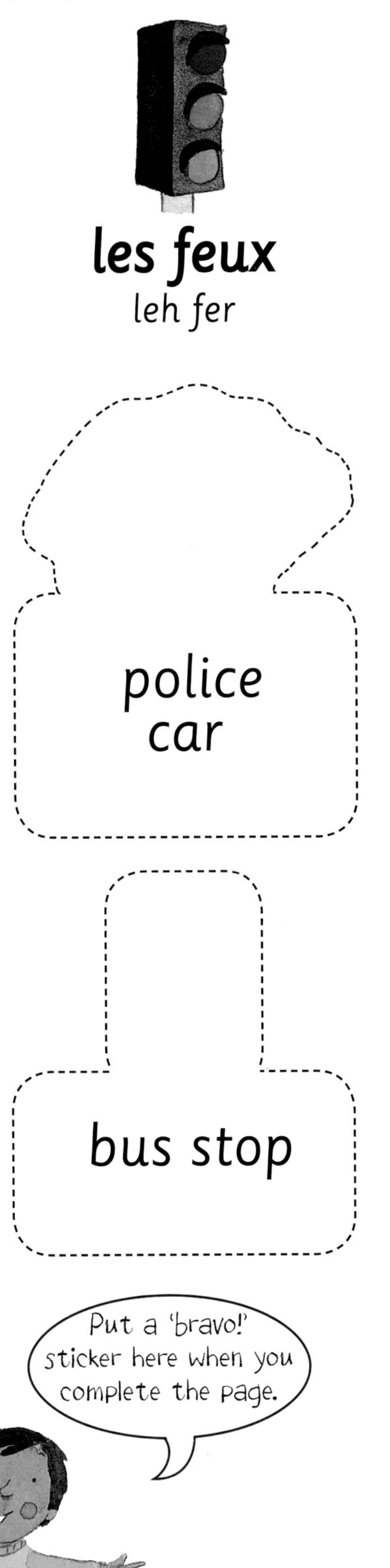

les feux
leh fer

police car

bus stop

pavement

bus

Put a 'bravo!' sticker here when you complete the page.

Dans la forêt

doh la fo<u>reh</u>

le papillon

ler papee-<u>oh</u>

squirrel

deer

beetle

In the forest

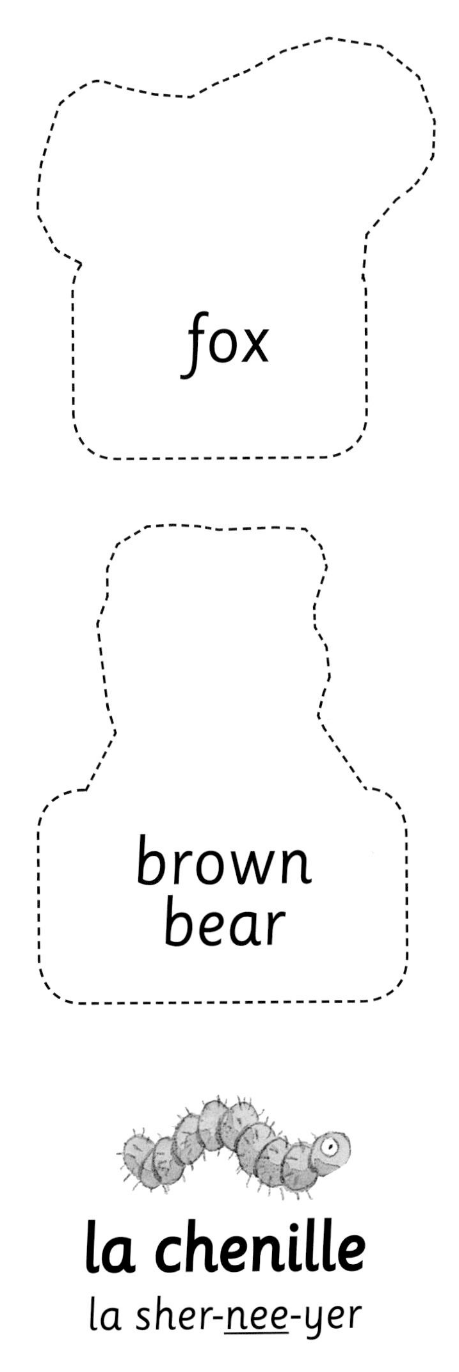

la chenille
la sher-nee-yer

fly

rabbit

Dans la salle de classe

doh la sal der klass

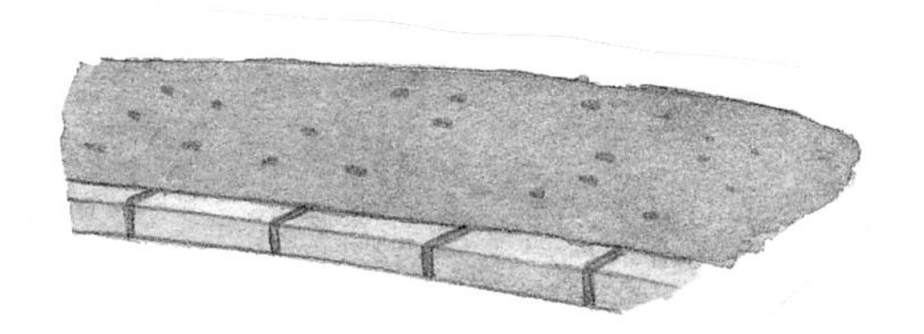

le trottoir
ler trot<u>wah</u>

la maîtresse
la met-<u>ress</u>

la mangue
la <u>mon</u>-ger

la colle
la koll

l'ananas
lan-ah-<u>nass</u>

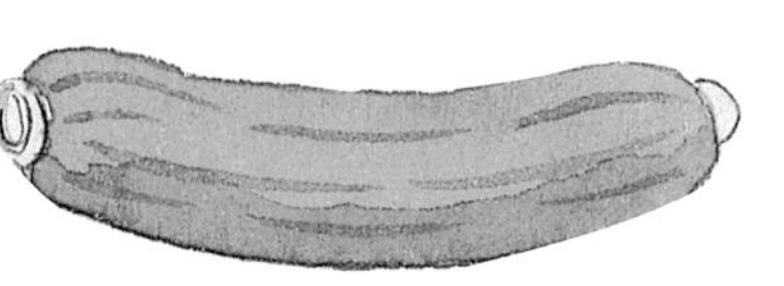

la courgette
la kor-<u>shet</u>

la mouche
la moosh

les raisins
leh ray-<u>zah</u>

le lapin
ler lah-<u>pah</u>

les pâtes
leh pat

l'ours blanc
loors bloh

l'aubergine
loh-bair-<u>sheen</u>

l'autobus
low-toh-<u>boos</u>

le papier
ler pappee-eh

la voiture
la vwot-yoor

la girafe
la jeeraff

le beurre
ler ber

le cerf
ler sairf

l'arrêt d'autobus
larreh doto-boos

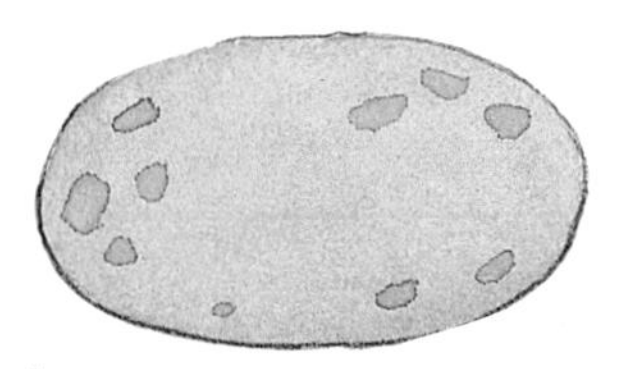

la pomme de terre
la pom der tair

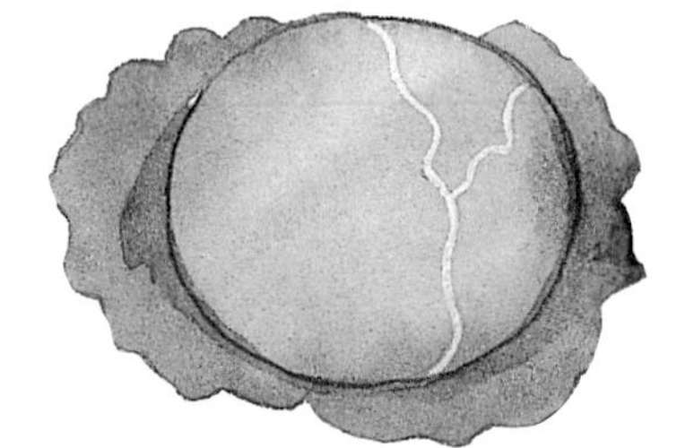

le chou
ler shoo

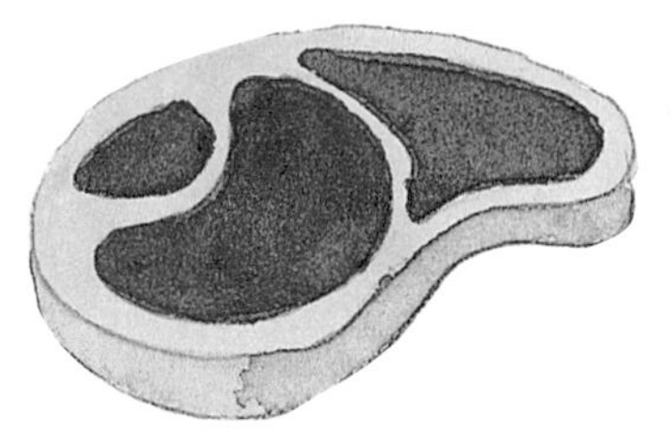

la viande
la vee-ond

le camion
ler kamee-oh

le stylo
ler steelo

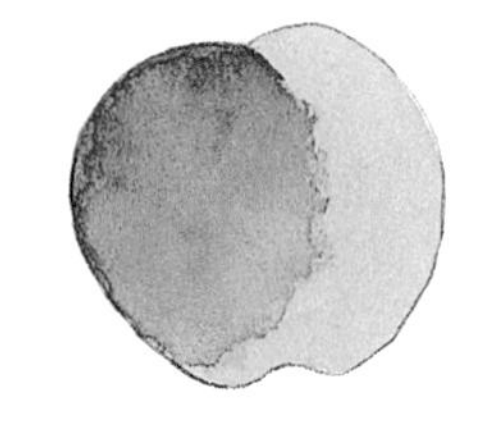

la pêche
la pesh

la rue
la roo

le riz
ler ree

la chaise
la shez

l'écureuil
leh-kooray

le tigre
ler teegr'

l'œuf
lerf

la laitue
la layt-yoo

le scarabée
ler skah-rah-bay

la cerise
la seh-reez

le lion
ler leeoh

la voiture de police
la vwot-yoor der polees

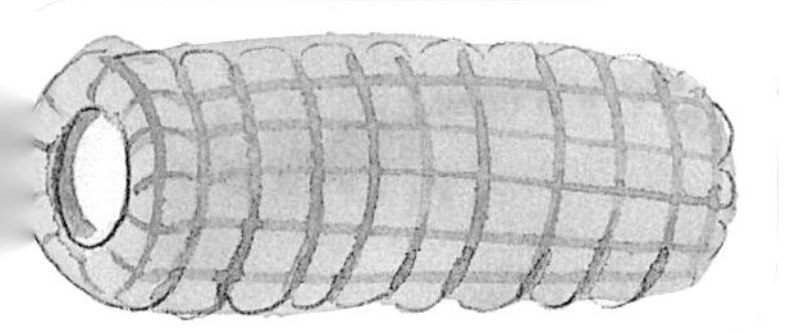

le maïs

ler my-eess

l'ours brun

loorss-bruh

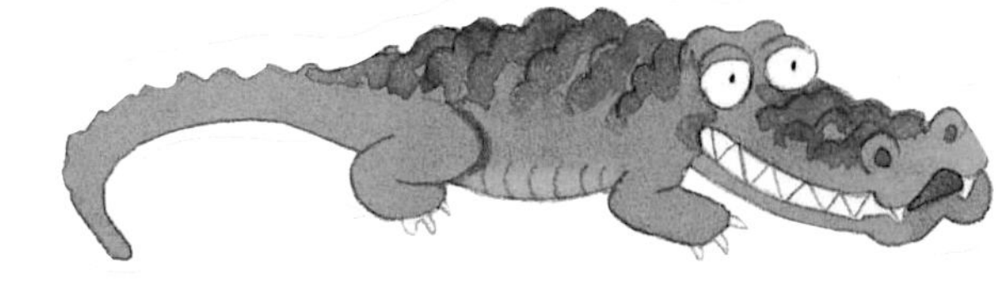

le crocodile

ler krokodeel

le renard

ler ren-ar

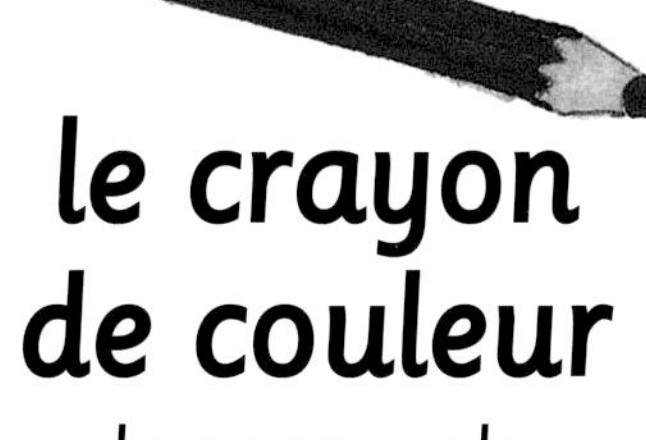

le crayon de couleur

ler cray-oh
der cool-err

le livre

ler leevr'

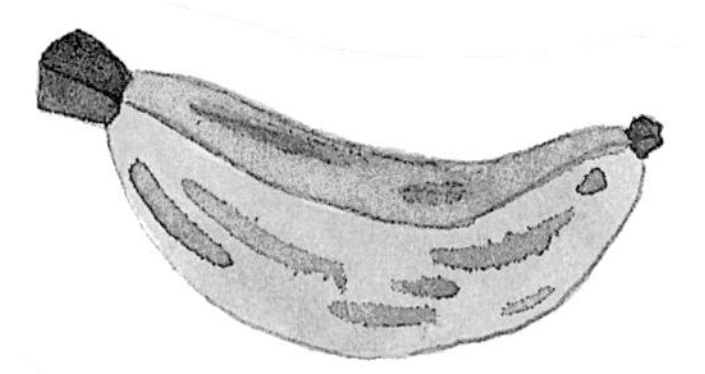

la banane

la ban-an

le lait

ler lay

le dauphin

ler doh-fah

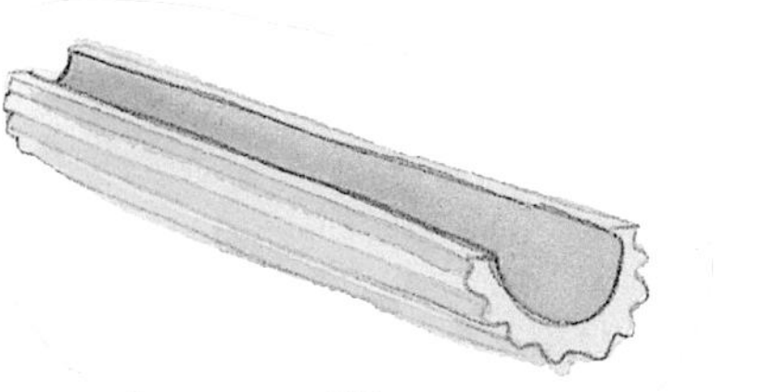

le céleri

ler seler-ree

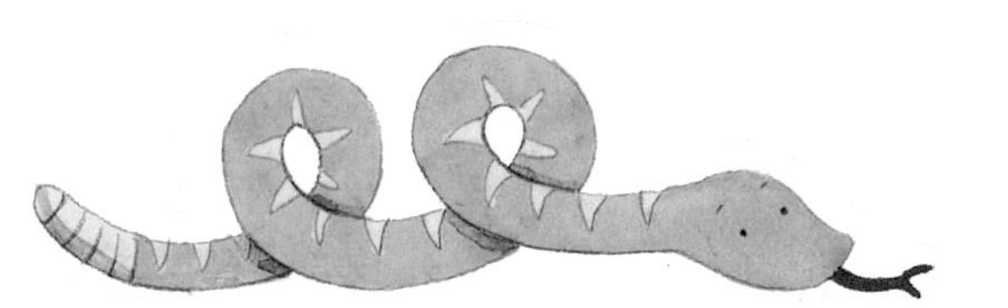

le serpent

ler sairpoh

le sucre

ler s'yoo-kr'

l'orange

loronsh

In the classroom

Au supermarché

oh soo-pair-marsh-eh

At the supermarket

rice

milk

sugar

egg

le poisson
ler pwah-son

Put a 'bravo!' sticker here when you complete the page.

Dans le potager

doh ler potasheh

Can you find all the stickers?

potato

cabbage

la carotte

la kah-rot

courgette

Find these vegetables in the big picture. Join them up with a line.

In the vegetable garden

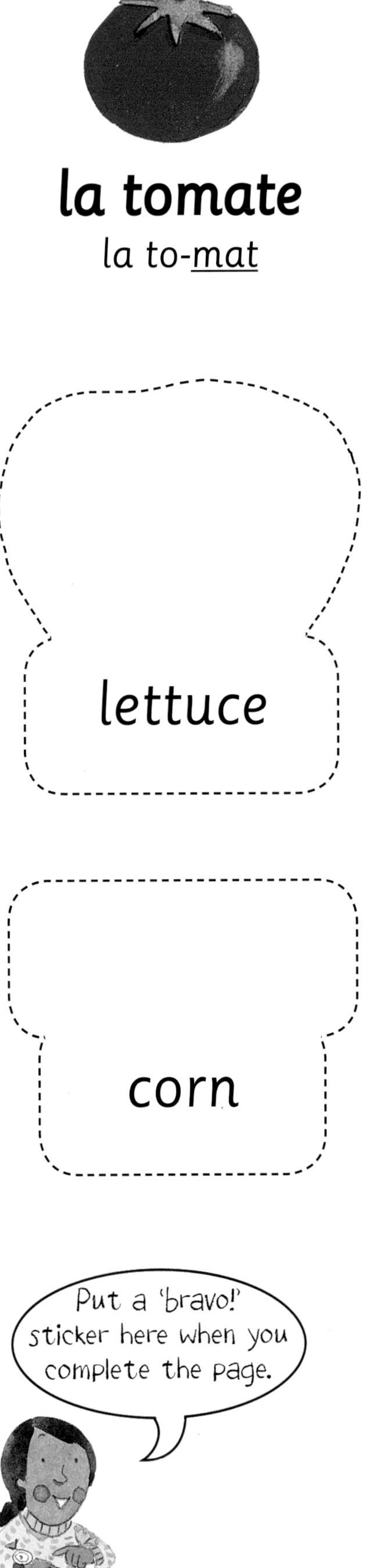

la tomate

la to-mat

lettuce

corn

celery

aubergine

A l'étal de fruits
ah let-al deh frwee
Find these fruit in the big picture. Join them up with a line.
grapes
la pomme
la pom
Can you find all the stickers?
banana
mango

At the fruit stall

Vocabulaire

voh-kab-oo-lair

Word list

French/français – English/anglais

l'ananas pineapple
l'arrêt d'autobus bus stop
l'aubergine aubergine
l'autobus bus
la banane banana
le beurre butter
la bicyclette bicycle
le camion lorry
la carotte carrot
le céleri celery
le cerf deer
la cerise cherry
la chaise chair
la chenille caterpillar
le chou cabbage
la colle glue
la courgette courgette
le crayon de couleur coloured pencil
le crocodile crocodile
le dauphin dolphin
l'écureuil squirrel
l'éléphant elephant
l'étal stall
les feux traffic lights
la forêt forest
la fraise strawberry
les fruits fruit
la girafe giraffe
l'hippopotame hippopotamus
le lait milk
la laitue lettuce
le lapin rabbit
les légumes vegetables
le lion lion
le livre book
le maïs corn
la maîtresse teacher
la mangue mango
la mouche fly
l'œuf egg
l'orange orange (fruit)
l'ordinateur computer
l'ours blanc polar bear
l'ours brun brown bear
le pain bread
le papier paper
le papillon butterfly
les pâtes pasta
la pêche peach
le poisson fish
la pomme apple
la pomme de terre potato
le potager vegetable garden
les raisins grapes
le renard fox
le riz rice
la rue street
la salle de classe classroom
le scarabée beetle
le serpent snake
le stylo pen
le sucre sugar
le supermarché supermarket
la table table
le tigre tiger
la tomate tomato
le trottoir pavement
la viande meat
la voiture car
la voiture de police police car
le zoo zoo

English/anglais – French/ français

apple la pomme
aubergine l'aubergine
banana la banane
beetle le scarabée
bicycle la bicyclette
book le livre
bread le pain
brown bear l'ours brun
bus l'autobus
bus stop l'arrêt d'autobus
butter le beurre
butterfly le papillon
cabbage le chou
car la voiture
carrot la carotte
caterpillar la chenille
celery le céleri
chair la chaise
cherry la cerise
classroom la salle de classe
coloured pencil le crayon de couleur
computer l'ordinateur
corn le maïs
courgette la courgette
crocodile le crocodile
deer le cerf
dolphin le dauphin
egg l'œuf
elephant l'éléphant
fish le poisson
fly la mouche
forest la forêt
fox le renard
fruit les fruits
giraffe la girafe
glue la colle
grapes les raisins
hippopotamus l'hippopotame
lettuce la laitue
lion le lion
lorry le camion
mango la mangue
meat la viande
milk le lait
orange (fruit) l'orange
paper le papier
pasta les pâtes
pavement le trottoir
peach la pêche
pen le stylo
pineapple l'ananas
polar bear l'ours blanc
police car la voiture de police
potato la pomme de terre
rabbit le lapin
rice le riz
snake le serpent
squirrel l'écureuil
stall l'étal
strawberry la fraise
street la rue
sugar le sucre
supermarket le supermarch
table la table
teacher la maîtresse
tiger le tigre
tomato la tomate
traffic lights les feux
vegetable garden le potag
vegetables les légumes
zoo le zoo

www.bsmall.co.uk www.facebook.co.uk/bsmallpublishing www.twitter.com/bsmallbear
ISBN: 978-1-908164-24-7

3 4 5
Editorial: Catherine Bruzzone, Louise Millar and Susan Martineau Design: Louise Millar Production: Madeleine Ehm
Printed in China by WKT Co. Ltd.
British Library Cataloguing-in-Publication Data. A catalogue record for this book is available from the British Library.